AF397674

Kustantaja: BoD · Books on Demand
GmbH, Helsinki, Suomi

Kirjapaino: Libri Plureos GmbH,
Hampuri, Saksa

ISBN: 978-952-80-8324-5

BIISIT 4

RUNOJA

Vanhemmat
Mä tiedän että ollaan
väsyneitä kumpikin tähän
Koen et saatiin liian paljon
mut silti niin vähän
Lapsi huutaa herää kaikki yöt
Ja sun oli jätettävä kokoaikatyöt
Syyttelyy vihanpitoo ihan jatkuvasti
Miten omaan lapseen voi
suhtautua katkerasti?
Pelkään et meistä tulee
toistemme kopiot
taustalla mykkä surukuoro oratoriot
Kun parisuhdeterapiassa ravattiin
Muistatko enää kun tavattiin?
Kyl kaikki vielä hyvin on
mut nykyään et oo enää ku onneton
Mä toivon et asiat vielä toisin ois
ettet sä nuku liian aikaisin pois.
Ettei lumi enkeliä eteiseen tois
Muuttaisin kaiken, jos vois.
Ero sä sanot kyyneleet silmis
Tää on ku jostai vanhast mykkäfilmis
En osaa mistään apua hakea
Ikuinen lumipyry ilma liian sakea
Tää on ku ikuinen talvi
kylmä ulkoa ja sisältä
Silt tuntuu, erityislapsen isältä.
Jää silti kyllä tää tästä
meidän pitää lakata pelkäämästä
Tai sit ei sanot heippa hei

On/off tilanteessa jatketaan vuosii
Ja katellaan miten arpaonni suosii
Ei meidän tarvis roikkua niin tai näin
Viikonloput kännis ja arki selvinpäin
Ei tää oo lapsen oma vika
Eikä sekään et yhteiskunta on sika
Meil on kuitenki lapsi tajuatko sitä
Isä ja äiti vaik tapahtuis mitä
Joskus onni on niin toisenlaista
vaik vihree palaa sulla on väärä kaista.

OPPIRAHAT
Sä pöllit multa rahaa
Tiedän ettet tarkottanu mitään pahaa
Vetoot Tukholma-syndroomaan
ja Oidipuskompleksiin
Vedät oven kiinni nenän edestä
Huudat painu helvettiin
Sitä sä vetoot et Sokkaril on ale
No ihan varmaa joo
Mut tää on iha sale
Ettet kysyny lupaa vaan
pöllit multa massit
Joko sä oot varannut jo
ulkomaille passit?
Sä esität kovaa vaan
iltaisin sua pelottaa
Nyyhkit peiton alla
niin et naama punasena helottaa
Sanot voinko äiti sun viereen tulla
Silloin on helpompi nukkua ainaki
mulla.
Koviksii ja esitetään kaverille
Suuta soitetaan ja mennään ostarille
Mut siel viimein tajuu et joka hevosel
löytyy taluttaja
Sun pitää ite tajuta ja vetää siihe raja
Vankilas on tarpeeks niitä
jotka ei koskaan opi

Ja niitä joille ihan kaikki sopi
Sun pitää erottaa oikee ja väärä
Niistä muodostuu sun arvomaailmas
ja päämäärä.
Ei lapsi opi vaikka kuinka sitä hakkaat
Sä et tajuu et laitat lisää puita vaan takkaan
Ei auta tukkapöllö eikä kova huutos
Sun on ite tehtävä täyskäännös ja iso muutos.
Lapsi mallittaa joten muista vastuu
Helposti sateella omaki tukka kastuu
Peilistä voit aina nähdä palan omaa lastas
Et sä sitä ihan huviks saman nimiseks kastas.

Vanhemmat osa 2

Tulen sinusta humalaan
Tänä yönä ei ole tarvetta Jumalaan
Viini läikähtää kasvoilla takkatulen lailla
En oo enää mitään vailla.
Niil jol on toivoo, niil on vaik mitä
Niil jol on massii, niil ei oo edes sitä
Meil on yhteisiä vuosia jo peräti kuusi
Sun kohdal kadut vastasi
niinku niille huusi.
Nepsyvanhemmuutta ei ruusuilla kukita
Monta ovee saa perässään lukita
Mut uusia aukee, parempia ihan
Jotka kiertää ohi joka takapihan
Ollaan nyt vaan hetki tässä
Meitä löytämässä
Nautitaan siitä
Ettemme milloinkaan riitä.

MAANANTAI
Miten mä täällä voisin
elää ilman sua
ku ilman sua ei ois mua
Tai ainakaan en olisi sellane ku oon
Elämäni mahtuis nukkekodin varastoon.
Jätän sut päiväkodin pihaan
Mistä tää tunne iha ku itteeni vihaan
Miks jätän sut tänne
Olemus ku jousen jänne
Älä pelkää
nostan sut reppuselkään
Mä tuun hakee kohta sut
Ollaan sit taas parhaat kamut.
Ku oot päiväkodis istuskelen keittiös
Tunnen itseni heittiöks
Kunnon ihmiset on töissä
Lapset takapenkillä kiltisti turvavöissä
Omaishoitajana pyörittelen
himas peukaloita
Mietin laskuja niitä noita
Tuntuu etten saa mitään aikaan
Postiluukku kolisee mitä sainkaan
Uus karhukirje voutilta taas
Lyö lyötyä ku mieli on muutenki maas
Ole mies
Mut kuinka kauan kuka ties
jaksaa samaa näkkileipä huttua
Välil täs elämäs ei tunnu olevan
sitä juttua
Että tää olis ihmeellistä suurta

Ollaan etäsii vaik ollaan samaa sukujuurta
Eikä tää juttu kirkastu tästä
Loputon kehä en lakkaa etsimästä
Sä toki kasvat vaik olosuhteet on mitä
Etkä nyt vielä ymmärrä sitä
Että teen kyllä parhaani
ja toivon et se riittää
Et olis jotain mistä voisit aikuisena kiittää
Juon kahvin kyllä se tästä
Mikään ei estä yrittämästä
Lompakko on tyhjä ku kalan suu
Sehän mua just sattuu
Ku sulla pitäs olla puhdasta päällä
Faijalla reikäne huppari säällä ku säällä
Elämä tääl vaatii selvitymisoppaan
En voi turvata lautapelin noppaan
Täytyy vaan elää hetkeä kerran
Maitoa kaapis tonki verran
Kyl se tästä
En lakkaa yrittämästä.
Kelloviisarit näyttää kyyneleitä
Mä tuun kohta hakee sut
Sul on aina mut.

Tytär
Tunnetilojen jatkuva muutos
Hyvän itsetunnon puutos
Istun sohvalla enkä tiedä
mitä teen ja kenen eteen
Usein hommat pyörii
ilman minkäänlaista kiitosta
Pitäs olla rakkautta ilman
mitään liitosta
Sua varten olen tässä
Yhteistä suuntaa etsimässä
Sanot ettet syntyä halunnu ees
Ettei tää oo edes sun perhees
Vaatii paljo ku pidättelen kyyneleitä
Ilman sua ei olis meitä.
Elämä on julmaa
Ku etukäteen ei voi tietää
jokaista tulokulmaa
Mietit usein miks oot täällä
miks kylmyys aina vaan
viipyy maan päällä
Koetan vastata sulle
vaik samat ne on kysymykset
yhä myös mulle.
Etsin puuta jonka latvasta
näkee lapsuuden pihan
Miten koulusta oppii vain
pelkän vihan
Se siitä eriarvoisuudesta
Kun kutosluokkaa kertaa

syksystä uudesta
En oo mikään vuoden isä tyyppi
En ees tiedä mikä on elektrolyytti
Peilistä näen mikropitsa kokin
Koko kämppä on välillä sikin sokin
Mä rakensin ison ulkokuoren
ettei sun tarvis pelätä mitään
Et pehmomiehist joku oppis pitään
Mä puhallan haavoihin vaik
maailma ei tee nii
Kun kaatuu se vaan kiristää kettinkii
Ne sanoo et maailma on pyöree pallo
Musta tää on dinosauruksen muotoinen
fossiili kallo
Sua huvittaa että nään asiat niin
Eritaval saan asiat kehyksiin
Sen sä oot perinyt multa
Erilaisuus tuntuu vähän aikaa ansaitulta
Autismi adhd iha sama asia
Jokaisel vähä erilainen soundi soittorasias
Vaik kiukuttelet ja luulet
et oon täällä aina
Itsestäänselvyys vaik elämä on laina
Ikiunestani lupaan sun perään
katsoa sieltä
Ettet eksy tieltä.
Oon aina sun kans
minne ikinä meetkin
Seison sun tukena mitä
ikinä teetkin
Palavasta autosta noudan

Läpi tsunami meren luoksesi soudan
Voitan joka sodan susta
Eikä haittaa vaik taivas on musta
Sä oot raskainta ja keveintä yhtä aikaa
Sun prinsessa sauvassa riittää kyl taikaa
Isin pieni tyttö

Elämä on päivä
Oon on just täyttänyt kuus vuot
Ton ikäisenä leikit luot
Piirtelen vihkoon ku opettaja selittää
En ymmärrä yhtään mitää
Viikonloput katselen kun isäpuoli juo
Perjantaipullon olkkariin tuo
Tuskin sekään mihkään riittää
Äiti katsoo läpi sormien nyökkää kiittää
En uskalla sanoo mitä tunnen
Veskiin löydä kun en
Patja kastuu toistamiseen
Pelottaa jähmetyn eteiseen
Mutsi sängys alasti makaa
Miehen paljas selkä näkyy takaa.
Lattiat pitää pestä
Vai meinaatko ettei selkäranka kestä
Sitte vielä imuroit tiskikoneen täytät
Miten sä noin apaattiselta näytät
Aattelin mennä kaverin luokse
Jätin ruoan syömättä karkuun juokse
Täällä on pakko lautanen tyhjäks syödä
muuten on pakko sua lyödä
tai ainaki luunappi antaa
Poika noita haavoja koko elämänsä kantaa.
Konsoli pelejä Pelaan huonees
Omat säännöt luulee luonees
Apatian enkelin oon saanu olkapääl
Mitään järkeä ei oo olla tääl
Aurinko ikkunassa tuntuu väärältä

Kun annetaan mitan yli määrältä
Tahtoisin paljon suurempi olla
jotta isäpuoli lopettas suosiolla.
Mennyt aika taas mieleen palaa
Se miten virtsasin sänkyyn salaa
Äiti on Äiti sille oon anteeks antanu
Ruokakasseja kotiin kantanut
Isäpuoli lähti kun olin jo täysikänen
Sen mielestä päästäni vikanen
Omille skideille en tekis moista
Nyt vanhin on jo kuudentoista
Eikä ympyrä sulkeudu sillä tavoin
Me jatketaan elämää ehjin nahoin
Asiat hoidetaan puhumalla niistä
Eikä ykskään tyranni tarpeita riistä
Ei tarvi pelkkää priimusta kehuu mieti
Vaan sitä joka yrittää parhaansa tekee sieti
niitä tylsiäki tunteja skolessa
Tolppien välissä vika ei oo aina molessa.
Vuodet kutistuu päiviks
Lapset kasvaa räiviks
Mut kaikki on tilapäistä
Mitä näistä
Harmaita hiuksia kampaan jää
Lyhyt on ihmisen elämä tää
Vanhoina ollaan lapsia taas
Katse tiukasti maas
Siinä ukin haudalla
Seistään laudalla
Vähä omatunto soimaa
Kådenpuristus antaa voimaa

Sinunkaupat itsensä kanssa siinä
ku oli hetkiä jolloin niinä
Oisin tarvinnu toisenlaista faijaa
joka kotiin kirjoja raijaa
Mut tästäkin opittiin
Luotettiin hobittiin
Mielikuvitus vaan kasvaa ja kasvaa
Pyöränketjutki kaipaa rasvaa
Ikävä tulee kuitenkin kaikkea tätä
Älä elämääsi jätä
Lukee sillan pylvääs
Mieles ylvääs.

Päihteet
Meen piiloon sängyn alle
kun pelkään huutavaa faijaa
Se löi taas mutsia
täs odotellaan maijaa
Faija on iha kiltti paitsi
sillo ku juo viinaa
silloin sitä omat demonit piinaa
Se veti muakin päin pläsiä
Vanha boxari osaa käyttää käsiä
Mun pikkuhousut kastu
tuli kylmä olo
Hetken aikaa fiilis et tilanne
on nolo
Aina sitä alkaa itsee syyllistää
Faijalta ku kysyt et löydä syyllistä
mistään.
Viikonlopusin tutuksi tulleet turvakodit
ku sä faija sillä välin krapulamorkkista podit
Seiniin hakatut nyrkinmentävät ovet
Lukkohin puukolla kaivetut lovet
Lasu tuli eikö jo riitä
Kun ne lähti sanoit se siitä
Ja sama homma jatkuu ensi perjantaina
Murheena duunit ja asuntolaina
Seli seli niit on muillaki
Sä oot ainoo jota poliisit haki
Äiti vaan silmä mustana nyökkää
Eikös se isä enempää syökkään?
Ja taas lakastaan ongelmat maton alle

yhteistuumin
faija lähtee takas baariin ku helvetti on
kuumin.
Koulussa alkuviikosta väsyn äkkiä
Mun olemus muistuttaa hiekkasäkkiä
Mut näkisit mutsin siksi en saa kavereita
tuoda
Äidille pitää kuulemma kauneus unet suoda
Terapiasta terapiaan oon menny taas
Mieli ei oo hyvä eikä maas
En tiedä mikä mua vaivaa
Faijaki taskusta vitosta kaivaa
Tää on kai sitki ihan normaalia arkea
Ku toinen puoli on sileä niin toinen karkea
Mikään ei oo huonosti ku kaikki on hyvin
Sydämes piilopaikka kaikkein syvin
Ei sinne enää löydä kukaan
Meen kiskalle tuuks mukaan
Ei kiitos faija en tällä kertaa
Et sä välitä musta oikeesti
paskankaan vertaa
Ethän sä muuten tekis näin
Oisit selvinpäin.

Lasten lait
Isä hokee numeroilla loista
vaikka lukukausitodistus
näyttää toista
Päivät menee metsis leikeis
tai puistossa parkourtempuis veikeis
Yrität pihlanmarjaa putkeen sovitella
Matikkaa ei kiinnosta yhtään hahmotella
Ulkona on kivempaa vaik pitäs
päntätä läksyi
Lepyttää opettajamuoria äksyi
Karttakepistä ennen sormille sait
Tääl pätee vaan aikuisten lait
Mielikuvitukselle ei ole tilaa
graffititägi pelkkää pilaa
Suhtaudu vakavasti
uutisia katso tarkkaan
mieten pörssikurssi iskee markkaan
Mut ku lumilinnaan ei sähköä tuu
Meil on siel iha omaa juttuu
Bmx pyörillä poljetaan kuuhun
Himas aika kuluu ihan muuhun
Laita tiskit vie roskat imuroi
Kun faija vielä aprikoi olikos muuta
Niin hyvää puuta
lauloi mestari ku mä karkaan ulos
Faija oli just tähän tulos
Ku nuoret on niin saamattomia nykyään
Ku kukaan ei käytä kykyjään.
Skutsis leikitään piilosta

Tääl ei vanhemmat hiilosta
Tääl on Robin Hoodin säännöt
Tänne ei kuulu aikuisten väännöt
Lasten maailmas ei oo yhtää laiskaa
Sanot ei vaiskaa
Skidit kehittyy ulkona toisten kaa
Iha sama mikä kansalaisuus maa
Lapset katoo kotoo aikaan hyvän sään
Ku niitä on pakotettu menestymään
Aikuiseksi kerkee kun eka saa olla lapsi
Puurolautanen tyhjäksi rapsi
Meil kotona sen teki vaan isä
voisilmä lisä
Jätin usein liisterin syömättä
Kättä päälle jätin lyömättä
Lasten oikeudet lumilinnas
kesken viel
Me kokoonnutaan usein siel
ja jos on Robin Hoodin säännöt
sinne ei kuulu aikuisten väännöt.

OMAKOTITALOSTA KATUJENGIIN
(Halvalla pääsee jos rahalla selvii)
Me tapeltiin aina ostarilla
Karkuun mentiin fillarilla
Koulut jäi mul oli muuta
Tykkäsin soittaa suuta
Uraperhe skidi toisel taval loistaa
Merkkikuteet tavaratalosta poistaa
Myy velaks
Osaa ottaa relax
Paksu kultakello rantees
Pahoinpitely luki kantees.
Gimmoja tissejä mikä valinnanvara
Diggaan olla superstara
Röökikartsoja pakussa
Nimilista lapussa
Piriä brenkkua iha mitä vaan
Kuhan niistä maksetaan.
Vanhemmat oli aina poissa
Mä pyörin kerhotiloissa
Koko tarina graffititägissä
Syö mäkissä
Mutsi jätti pöydälle massii
Alkos en oo tarvinnu koskaan passii
Faija kukas vittu se on
Mulle täysin tuntematon
Se on se joka makseli mun sakkoja
Ei tullu yhdyskuntapalvelu pakkoa
Reksi ei uskaltanut jättää luokalle
Muuten töitä ois tullu kuokalle.
No linnaan tää tarina päätyi

Lopulta kaikki bisnekset jäätyi
Markkinoille tuli muita
jotka katkoi kylkiluita
Ne otti bisnekset haltuun itäblokin tyyliin
Jouduin tyytyy yhteen lyydiin
Seki oli Risestä tietenki
Usein mietin etenki
Miten paljo rahalle annetaan arvoja
Mä olen yks niitä harvoja
Jotka tajuu ettei se tee onnelliseks
Elämä voi mennä pelkäks lusimiseks.

Aika
Tunnit menee kahvia valuu
Lisää kofeiinia pää haluu
Päivät tulee pitkiks himas
Ei oo tarpeeks korkeutta rimas
Minuutti tuntuu tunnilta ihan
Pikakurssi hallinnan vihan
Aika ei kulu mut venyy valuu
Enemmän tältä elämältä haluun
Mut se mikä on enemmän
On huomenna vähemmän.
Siirrän sormella viisareita
Tuntiin ei oo tapahtunut muuta
Koputan puuta
Sytkäri yhä pöydällä puu samassa paikas
Ilma on raikas
Ikkuna auki verhot vaiti
All raidi
Iha ku joku olis pause näppäintä painanu just
Iha must
Fuck it
Tunnesäätelyn työkalupakit.
Yhä Istun tässä
Miettimässä
Nousen ylös jotain tapahtuu
verho havahtuu liikahtaa vähän
Jään tähän
Iha hiljaista
Tekis mieli kiljasta
Mut ei mikään muutu
Älä suutu hoen

Zenin koen
Ei ole muuta kuin tämä tässä
Ihmistarjous hässäkässä
Elämä on kaupan jono
No no
Täytyy löytää syy lähteä ulos
Tehdä tulos
Yhteiskuntaa pyörittää osallistua
Taidan takas istua
Täs meni jo minuutti pari
Oman elämän sankari
Ei edes postia tarvi hakea
Keittiönlamppu hipoo päälakea
Vois mennä sänkyyn takas
jossa hetki sitte mun klooni makas
Aika ei kulu mut venyy vanuu
Enemmän mä tältä elämältä haluun
Soittas joku ees
Ei en oo liikentees
Katson kelloa jossa ei aika pysy
Kun ei sitä kysy.

KEVÄT
Jokainen tapaaminen on viimeinen
eka kerta
Elämä yhtä avomerta
Kaukana kaikesta mutta niin lähellä
läpi kävellä joka ihminen
mutta sitä tiennyt en
että lapset syntyy vanhuksina
vanhukset kuolee lapsina
Että urautuneet vanhempien toiveet täyttää
Niin harva kanteletta käyttää
Ja niin monen elämä päättyy
ennen täyttä määrää
Jos jokin se on kovin väärää
Vanhuksista viisaus loistaa
Nuoret samat virheet toistaa
Kai varhain olen vanha sielultani
Kun luulen jotain jo oivaltavani.
Nostan katseen kurkiauraan
Nuorukaisen mielen hauraan
Ajatus on niiden luona
Jotka tulee mieleen tuokiona tuona
Heitä ikävöin vaik ovat läsnä yhä
Kuin ois kirkkopyhä
Kuin harras hetki haudan luona
Tuokiona tuona
Kun leskenlehti tekee tuloaan
Vaik viel valo kantaa alakuloaan.
Muuttolinnut palaa
Mieli rauhoittuu

Jo väistyy suru
tuska unhoittuu
vaik kaikki päättyy, on katoavaista
Ei oo yhtä kevättä, toista samanlaista.

OSASTOLLA
Yökot tsiigaa leffoja
pornosivuilta peffoja
Aamukokoukous
Vapaakävely lähikauppaan tietenki
Mä jo täs vähä mietinki
et mitä tekis tänää
No ei tarvi miettiä enää
Röökiä poltellessa aika kuluu
Venytyän tuntia syötän puluu
Lääkkeiden jaossa
jätän tabletin kielen alle
suuntaan kraanalle
Pudotan lääkkeen kun juon vettä
Tiedän että
Nää pitäs vaan niellä
Mut en tätä hoidoiks miellä
Et oon koko päivän tilois
Vellon nesteen tuomis liika kilois.
Kahvilassa nuokkuu apatian enkelit
Lääkärit kuin Mengelit
Ylintä kastia ei nyökkää kiitä
Hoidokeille ei pulla riitä
Telkkarissa onnenpyörä
Elämänohjenyörä
Ota ittees niska kii
Kuka pystyy turvautuu narumetrii
Ota ittees niskaata kii
Kuka pystyy turvautuu pettinkii.
Istun puiston penkillä

Tyhjä katse silmissä
Ei tää menny ku suomifilmissä
Mis on onnellinen loppu
Ruokalaan on hoppu
Menen ku pilliin vihelletään
Eikö musta oo yhtään enempään
Itkettää ku vierailuaika päättyi jo
Vanhemmat ja kasvoilla ahdinko
Kyllä sä pääset pian oot terve taas
Ei ku mun mieli on maas
En oo terve koskaan mul on diagnoosi
Masennus kaikki vaikuttaa intooni.
Ruokana taas kalaa
Ei ees jaksa käämit palaa
Oon tunteeton näkymätön mies
Ehkä joskus toivun kuka ties
Näkis metsän puilta
Sais tukee muilta
En mä tahtonut tätä
Älä vielä mua yksin jätä
Lue edes tää lappu
Siin lukee A-rappu
Osasto kuusi
Ääni mun sisäl huusi
Lukee siinä muutakin
Lue tarkemmin
Siin pienimmäs
Rakasta itseäs.

USKOVAINEN
Ovelta ovelle viertää
Kossupullon kotona auki kiertää
Raamattua siteeraa Herran sanaa
Äänneekkästi piilos kuitenki manaa
Töistä luistaa kutsumuksesta käy
Rappukäytäville ei loppua näy.
Luoja kaikille eri
Vakaumuksen vanhemmilta peri
Sil on huono kaiku tietää Vatikaani
Raippaa jakaa persian Shaani
Jos lasten on valtakunta
Arvokas jokainen kerätty punta.
Poikakuoroo kähmii Paavi
Koko kehyksest katoo raami
Mikä on lopulta pyhä
Kun jatkuu sota yhä.
Rukoillen anteeksi antoa
Pelkkää veden kantoa
naisille elämä on
Nälkiintynyt lapsi lohduton
Tahdot kohdata Herran
auta ees tän kerran.
Helikopteri hakee havoittuneet
jotka eivät voittoa saavuttaneet
Pyhä sota jatkuu iän ajan
Peloisaaan joku ylittää piikkilanka-rajan
tervetulleeksi toivottaa pyssyn piippu
Kun pala nahkaa aidas riippu.

RUOTSI 1960
Oksennukset pytyssä
Likapyykit mytyssä
Radiosta tuttu laulu soi
Se ikävän kotimaahan toi.
Töiden perässä piti Ruotsiin muuttaa
Vieras kieli kaikki on uutta
Volvon tehtaalla kuluu päivät
Kauas ystävät sukulaiset jäivät
Finjävel on ulkopuolella
vaik tekee duunit huolella
Juopon maineen saa
Alatko mun kaa
Kysyy nainen puhuu samaa kieltä
Hommas alkaa olla mieltä
Kun lapsi syntyy heille
Ehkä tästä koti saadaan meille.
Skidi yksin himas päivästä päivään
Työpaineet purkautuu lapseen räivään
joka huomiota hakee
Väsynyt faija päissään ragee
Lasu oveen kolkuttaa
Isä tolkuttaa mitään ei sanota
Ei anota.
Lapsi ei kuulu muiden mukaan
vaik osaa kieltä
Eksyy tieltä
Seuraa vanhempien jalanjälkiä siellä
Kotimaaksi ei miellä
Kiusattuna päätyy huostaan
Duuniputkes asioita karkuun juostaan.

Kesälomalla käydään Suomes
Uusi auto kello näkyy
Antaa muille täkyy
Miten hyvin kaikki Ruotsis on
vaik totuus on lohduton
Saunasta ja tangosta humaltuu
Hetken on joku muu
Naapurin tyttöä viel ajattelee
miten kotiin hänet saattelee
Pato murtuu itkee
Koti-ikävä on sitkee
Joskus vielä takas tuun
Istun alla täyden kuun.

Ehkä silloin olisi taas kesä.

Niille jotka kusee
tavaratalojen nurkille
Niille jotka juo vetensä
Kelassa
Niille jotka kävelee sateella
Niille jotka hakee kuteensa
Punaisen Ristin kirpparilta
Niille jotka nukkuu patjalla
Niille jotka pummaa röökiä
Niille jotka tekee kotiviiniä
Niille jotka saa parkkisakkoja
Niille jotka viihtyy metsässä
Niille jotka syö vain vaaliteltoissa
Niille jotka on aikuisina lapsia
Niille jotka haaveilee työkseen
Niille jotka tonkii roskiksia
Niille jotka vie tyhjät pullot
Niille jotka ruokkii siilejä
Niille jotka matkustaa pummilla
Niille joilla ei oo varaa rakastaa
Niille jotka tuuraa puun varjoa.

Runoilija ei pidä kiinni aikataulusta
Runoilija pitää kiinni pullonkaulasta
Runoilijan kanssa ei voi sopia mitään
Runoilija katsoo sopiiko mekko daamin ylle
Runoilija ei oo koskaan puhdas
Runoilija tuoksuu vapaudelta
Runoilija ei mene itseensä
Runoilija menee Ikeaan
Runoilija ei syö kuten muut syövät
Runoilijat juovat
Runoilijat eivät pidä lakkia
Runoilijat pitävät kortsun päässä
Runoilijat ovat itsekeskeisiä mulkkuja
Siinä missä talitiaiset ovat punatulkkuja
Perinnöksi Runoilijat jättävät huolia
Odotuskäytävät ilman tuolia.

"Ei ole olemassa mitään sellaista kuin pysyvä
mielenrauha niin kauan kuin elämme,"
- Hobbes.

ELLU

En saanu kaikkee ilmaiseksi
Kahjo totesi jo koulun reksi
Tarkkis kutsui ku olin kolmentoista
kovii oppivuosii mut mitäs noista

Mä en pyytäny et syntyisin tänne
Selästä katkennu monta kertaa jänne
Mut ei se oo katkaisu multa koskaan
rankaa
Vaik elämä välil vastaan hankaa.

Mä jouduin ite kaiken taistelee
Paikkani ottaa ku muut duunista laistelee
Kovan kuoren kasvatin
Ja sisimpäni peitin
Välil otin turpaan
melkein toivoni jo heitin.

Mut jätettiin Mut sitten tuli uusi
En enää pysy laskuis oliks tää
jo numero kuusi
Yhtäkkiä olin äiti ihan
Koiran näin leikkivän luona
omakotitalon pihan.

Ostarin Helmi nimen sain

olin ainut tyttö siellä
Se mitä musta luultiin
En ihan todeks miellä

En oo niin kova ku monet ehkä luuli
Ei pitänyt paikkansa se mitä monet kuuli
Oon sisältä yhä tyttö pieni
Mä oon mitä oon ja tää on mun tieni.

SPORA

Yhteiskunta minikoossa

matkustajat haamuja

voi et mä vihaan arkiaamuja

Ketään ei kiinnosta vaik joku kuolis

Venaan loppua nojatuolis

Muurahaisvilinä näkyy yhteiskunnan tilinä

Oranvapyörä kaatuu

pyöree nolla kohta maatuu

jos et kuluta tuota

oo pois mun luota

Töistä himaan mikropitsa uuniin

sitte jo pitääki taas lähtee duuniin

Good bye vapaa-ajat

Kellokortti piirtää parisuhteen rajat.

Rauli täs moi
aamu-öisissä sateissa
markka kateissa.

Rappukäytävissä tuoksuu Mennen
iha ku ennen
vedettiin liimaa
rappuun kustiin
pukeuduttiin mustiin.

Tilaan pitsaa kotiin
avasin oven
Sain Herätkää-lehden.

Kevät

Esikot nupussa

Jääpuikot räystään hupussa

Västäräkki valtaa lintulaudan

Tyttö saa kieleen keinutelineen

kylmän raudan.

Mielikuvitus

Kun purjeveneet eivät
enää tarvitse tuulta.

Kun meillä on toisemme

emme tarvitse jumalaa

Kampaat hiuksesi mieleeni.

48

Käännät kasvosi tapettia kohti

Teen varjokuvia hiustesi kruunuun.

Niin pehmeät kasvosi

Katseeni objekti

ajattelee valon

kuten se sinussa on.

Uitetaan varpaita suihkulähteessä

Puu ravistanut lehtiään

jotka kelluvat mieltemme

ulottumattomissa.

Vettä satoi

Kengät kastui

Olen sanomalehti

tyhjän asunnon postiluukussa.

Dösäpysäkit niille jotka

odottaa ihmettä.

Aurinko karkaa kuten ilmaispallo
Isällä oli hyvä syy myöhästyä
Se oli vienyt kirjoituskoneen kaniin
Ostanut hernekeittoa
lapsille penaalit kouluun.

Faija tuli himaan

Taas on ilta

Juo kahvin ja nukahtaa tuoliin.

Taas on ilta

Mutsi leiponut

pesee meikkejään.

Muffan luona haisi kellari

Eriparikupit hyllyssä

Vahakangasliinalla ristisanatehtävät

Lapsille kettukarkkeja.

Morris Marina käy yskien

Vaarilla on syöpä

Mutsi työntää

myöhästytään taas koulusta

Faija myy pölynimureja

Aikuisuus johon pyrin

Odottaa leikkipuistossa

sadetakki päällä

västäräkkejä.

Pari huggea hengailee taskussa

Lauantaipussipäivä

Lahjottuaan lapset

isä sihauttaa kaljapullon auki

Kyllä tuulee

Isä nostaa jalat pöydälle

Sisko leikkii nukella

Kyllä tuulee.

Poimitaan mustikoita

Tämä on perhe

Tehdään yhdessä

Juodaan mehua

Isä tupakoi

Äiti katsoo läpi puiden.

Radiosta soi Kipparikvartetti

Äiti katsoo tyhjyyteen

Isä nukkuu

Yläkerran naapureiden iloiset kantapäät

osuvat suoraan sydämeen.

Lumileikit

ovat ilmaisia

sanoo isä.